# CE JOURN

## appartient à:

# MON JOURNAL
## de gratitude

Pour écrire tout ce qui t'a fait
sourire l'espace d'un instant.

Pour garder tous tes petits moments
de bonheur et aussi les grands.

Sur ces pages, tu pourras écrire les
mots de gratitude dictés par ton
coeur simplement.

# MON JOURNAL
## de gratitude

Après avoir relu ce que tu as écrit, prends le temps de colorier le mandala qui se trouve sur la page de droite en repensant aux bons moments vécus.

Le coloriage favorisera davantage la relaxation en allant du centre vers l'extérieur.

En allant de l'extérieur vers le centre, il contribuera à une meilleure concentration.

# MA COLLECTION
## de mots précieux

# MA FAMILLE
## formidable

# MES AMIS
## Exceptionnels

# MES ENDROITS
## préférés

# MES SOUVENIRS
## inoubliables

# MES FIERTÉS
## les plus grandes

# MES QUALITÉS
## les plus belles

# LES RÊVES
## que je souhaite réaliser

# MES SECRETS
Pour être de bonne humeur

# J'AI PASSÉ UNE BELLE JOURNÉE

Parce que...

# JE SUIS
# RECONNAISSANT(E)

Parce que...

# CE QUE J'AI AIMÉ AUJOURD'HUI

# JE SUIS
# RECONNAISSANT(E)

Parce que...

# JE SUIS
# HEUREUX/SE

Parce que...

# AUJOURD'HUI, J'AI EU LA CHANCE DE...

# J'AI PASSÉ UNE BELLE JOURNÉE

Parce que...

# J'AIMERAIS DIRE

## MERCI POUR...

# JE SUIS
# RECONNAISSANT(E)

Parce que...

# J'AI BEAUCOUP DE
# CHANCE

Parce que...

# JE SUIS
## CONTENT(E)

Parce que...

# J'AIMERAIS DIRE
## MERCI

Pour...

# JE SUIS
# HEUREUX/SE

Parce que...

# JE SUIS
# RECONNAISSANT(E)

Parce que...

# JE SOUHAITE DIRE
## MERCI

Pour...

# JE SUIS
# RECONNAISSANT(E)

Parce que...

# JE ME SENS BIEN

Parce que...

# JE SUIS HEUREUX/SE

Parce que...

# JE SOUHAITE DIRE
## MERCI

Pour...

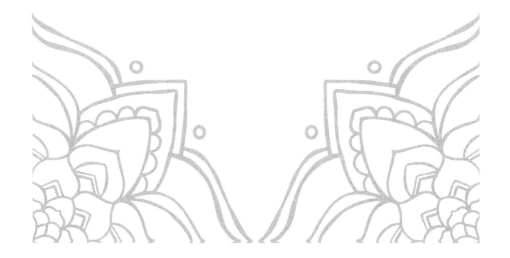

# JE SUIS
# RECONNAISSANT(E)

Parce que...

# JE ME SENS BIEN

Parce que...

# JE SUIS
# RECONNAISSANT(E)

Parce que...

Printed in Great Britain
by Amazon

76520178R00038